AF359463

DISCOVRS VERITABLE

de ce qui s'est passé au Parlement, en suitte de l'Arrest de la Cour du 28. Mars der- & des remonstrances.

L'AN mil six cens quinze, le Vendredy 27. iour de Mars, aucuns de Messieurs des Chambres des Enquestes, iusques au nombre de dix, deputez deux de chacune chambre, vindrent en la Grande Chambre du Parlement, prier Monsieur le premier President, d'assembler toutes les Chambres, pour deliberer & aduiser sur les Remonstrances que long temps auparauant on auoit resolu de faire au Roy. Ce qu'il leur accorda, & à l'heure mesme fit appeller par toutes les Chambres de la Tournelle, de l'Edict, des Enquestes, & des Requestes, Estans tous assemblez, Monsieur Fayet President en la premiere chambre des Enquestes, proposa qu'ils auoient desiré & demandé l'assemblée des Chambres, sur ce que le Roy ayant promis à la Cour de parlement, quelque temps y auoit, de ne faire point de response aux Cahiers qui luy seroient presentez par les Deputez des trois Estats de ce Royaume, ny aucune resolution, sans ouyr son Parlemet & entendre ce qu'il auoit à luy remonstrer, Qu'ils auoiet estimé estre temps & à propos, d'aduiser ce que la Cour pourroit faire, & comment elle se deuoit gouuerner en ce fait de Remonstrances tres-necessaires en l'Estat auquel estoient les affaires. Sur ceste proposition l'on commença à deliberer en la maniere accoustumée iusques à dix heures, lesquelles sonnées, la deliberation fut remise au l'endemain: auquel iour de Samedy vingt-huictiesme, elle fut continuée iusques à pareille heure, & n'ayant

A

peu eftre paracheuée, par l'aduis & confentement de toute la compagnie, remife à l'apresdinée. Toutes les opiniós recueillies, allans les vnes, & toutes, à tres-humbles Remonftrances au Roy, d'oüyr fon Parlement fur ce qu'il auoit à luy faire entendre pour fon feruice, fon auctorité, fa perfonne, & fon Eftat : Les autres y adiouftans de le fupplier auec tout refpect d'obeyffance, & d'humilité qu'il luy deuoit, & luy auoit toufiours rendu, de prefter l'oreille aux Remonftrances que ceux de fon Parlement penfoient en leurs confciences eftre obligez de luy faire, fur les defordres qui eftoient en fon Eftat, & pour la conferuation de fa perfonne, de fon authorité Royale, repos & tranquillité de fes fubjects : où attendre qu'il vint au Parlement, comme le bruit eftoit lors qu'il y vouloit venir dans deux où trois iours ; & tenir les Remonftrances preftes pour les luy faire librement, vertueufement, & courageufement entendre, finon de fupplier tref-humblement de commander à Monfieur le Chancelier, Meffieurs les Princes, Pairs de France, & Officiers de la Couronne, ayans feance & voix deliberatiue au Parlement, appellez, d'y venir pour ouyr les propofitions qui s'y feront pour fon feruice, & le bien de fon Eftat: D'autres qu'il feroit bon de les y conuier. En fin eftant fort tard, la Cour fe leua, demeurát arefté en general que les Princes, Pairs de France, & Officiers de la Couronne, ayans feance & voix deliberatiue au Parlemét, feroiét inuitez de fe trouuer en la Cour, pour auec monfieur le Chancelier aduifer fur les propofitions qui y feroient faites pour le feruice du Roy. L'arreft des le lédemain fut dreffé par le Greffier, & veu par mófieur le premier Prefident, fut leu apres toutes les Chambres affemblées, le lundy, en ces mots

La Cour, toutes les Chambres d'icelle affemblées, a arrefté, fous le bon plaifir du Roy, que les Princes, Ducs, Pairs, & Officiers

de la couronne, ayans seance & voix deliberatiue en icelle, estans de present en ceste Ville, seront inuitez de se trouuer en ladicte Cour, pour auec monsieur le Chancelier, toutes les chambres assemblées, aduiser sur les propositions qui seront faictes pour le seruice du Roy, soulagement de ses subjects, & bien de son Estat.

Ceste resolution fut dés le Samedy au soir portée au Louure, côme l'on dit en gros, & non aux termes qu'elle fut dressée, par quelqu'vn de la compagnie, & par vne espece de trahison & de malice, on la fait soudain entendre au Roy & à la Royne : on leur imprime facilement que le Parlement seveut mesler des affaires d'Estat, entrer en cognoissance du gouuernement d'iceluy, donner Côseil sans en estre requis; que c'est vne apparente entreprise sur son actorité, luy estant en ceste ville de Paris, & pour aigrir l'affaire, que c'estoit toucher à la Regence de la Royne, & la vouloir controller. Ce qui fut de premier abord si bien receu, que par vne apprehention de plus grande rumeur, l'on leur donna conseil d'enuoyer faire deffences à vn Prince, & quelques Pairs, de n'aller point au Parlement, s'ils en estoient requis ou conuiez : ce qui fut fait.

Le Dimanche 29. le Roy manda au Procureur General, & ses Aduocats, de se trouuer au Louure sur le midy, où ils se trouuerent seuls contre leur opinion, estimans que l'on eust mandé Messieurs les Presidens, & quelques vns des Conseillers : où Monsieur le Chancelier parla à eux par le commandement du Roy.

Le lundy 30. iour du mesme mois de Mars, les gens du Roy firent sçauoir à la grande Chambre qu'ils auoient à parler à la Cour de la part du Roy. Sur ce Monsieur le premier President fait appeller aux Chambres par le Clerc du Greffe. La Cour estant assemblée, monsieur Seruin accôpagné de Messieurs Molé Procureur General, & le Bret

Aduocat du Roy, rapporta que le iour d'hier ils auoient esté mandez au Louure, où pour obeyr au commandement qui leur en auoit esté faict par le Roy, ils se trouuerét seuls: Qu'estans entrez au Cabinet, monsieur le Chancelier y arriua, qui leur dit, que le Roy les auoit mandez seuls, sur le subiect de la deliberation & arrest faict au Parlement le Samedy precedent: que le Roy & la Royne sa mere, auoient eu mescontentement sur ce qui leur auoit esté rapporté; qui estoit, que la Cour auoit ordonné que les Princes, Pairs, & Officiers de la Couronne, seroient inuitez & conuoquez au Parlement pour aduiser au gouuernement du Royaume: à quoy il respondit qu'ils n'en auoient pas tant sceu que cela, mais auoiét bien apris que la Cour s'estoit assemblee pour tesmoigner vne bonne & sincere affection, ayant pour seul but & vnique vœu, le salut du Roy & de l'Estat. Que sur ces propos le Roy & la Royne entrerent au Cabinet, & là s'estans assis la Royne leur dit, qu'ils auoient esté aduertis de diuers langages tenus en ceste assemblée des chambres de la Cour, par lesquels l'authorité du Roy auoit esté offencée, & que c'estoit vne entreprise nouuelle: A quoy il fit responce qu'ils n'auoient pas esté presens à la deliberation, & qu'ils ne se trouuoient qu'au commencement pour requerir ce qui est necessaire, & qui regarde le public; & qu'apres ils se retirent: bien auoient-ils esté sommez de proposer ce qui leur sembloit vtile & conuenable en ceste saison pour son seruice, & vtilité publique, comme ils ont tousiours faict selon les occurences; mais ayans autresfois dit ce qu'ils estimoient estre de leur deuoir, ils ne s'estoient ouuerts d'auantage, ains auroiét supplié la Cour de se resouuenir qu'ils auoient cy deuant proposé iusques à trois fois, qui estoit ce qu'ils pouuoient faire, ne voyans pas encores sa declaration sur les Remonstrances & supplications à luy

faictes par les Deputez des Estats: Et sur ce, la Cour auoit
deliberé de donner aduis à sa Majesté de ce qu'elle croyoit
estre de son seruice: ce qu'elle n'auroit fait pour entreprendre sur l'authorité Royale, ains ceux qui ont opiné,
auoient declaré leur intention estre tant seulement de fai
ré quelque ouuerture pour le bien de son seruice, &
soulagement de ses subiects; & aussi pour iustiffier la con-
stante foy de tous les Officiers de son Parlement, & de
chacun d'eux en la prensence des Princes, Pairs, &
autres qui se trouueroient à la deliberation tant desiree,
en presence de Monsieur le Chancelier: & affin de leuer
les mauuaises impressions qu'aucuns luy auoient voulu
donner d'eux, & à la Royne sa mere, interpretant sinistre-
ment & taschants de faire mal prendre leurs volontez,
lesquelles ils pouuoient asseurer auec verité, n'auoir esté
meuës pour aucun dessein autre que de son seruice, &
s'ils pensoient qu'il fust mal content d'eux, il n'y a rien
qui les peust fascher d'auantage, comme estans gens
d'honneur, qui ne cederont iamais à ame viuante, pour
ce qui est de la deuotion qui luy est deuë, & ne peuuent
auoir plus grand malheur que de trotter sur les levres des
parleurs, & sur le diffame des hommes qui n'ayment pas
la iustice, lesquels s'efforcent de les blasmer & diminuer;
car s'il tomboit en l'opinion des hommes qu'ils eussent
encouru sa disgrace, demeurants blessez comme ils seroient, son authorité y seroit aussi grandement interessee,
veu qu'ils ont tousiours esté zelateurs & defenseurs de sa
puissance souueraine, selon le pouuoir qu'ils ont de sa
main, qui est vn pouuoir venant de luy ordonné de Dieu
pour regner; le supplians les auoir pour ses tres-humbles
& fidels suiets & seruiteurs, qui n'ont autre fin en leurs
pensees, paroles & actions, que la gloire de la fidelité à
leur Roy, duquel seul depend l'authorité qu'ils ont d'e-

A iij

xercer leurs charges. A ces propos le Roy repartit, qu'il assembleroit son Conseil pour y aduiser : Et la Royne prenant la parole, dit que presentement l'on feroit resolution de cét affaire au Conseil du Roy ; lequel s'estant assemblé à l'instant, le Roy leur commanda d'entrer au grand Cabinet, où estoient plusieurs Princes & Seigneurs de son Conseil, & leur dict ; *Tenez vous icy pour entendre ce que i'aduiseray sur ce que ie vous ay parlé.* A quoy ils auroient dict ; *Sire, nous sommes à vos pieds pour vous obeyr, & ayans l'honneur d'estre de vostre Conseil, ferons ce qu'il vous plaira de nous commander en autre rencontre. Mais s'agissant d'vne deliberation faicte en vostre Parlement, puis que nous sommes du corps d'iceluy, il vous plaira nous dispenser d'estre en vn lieu, où si quelqu'vn parloit contre le Parlement, nous ne le deurions ny pourrions escouter : ains serions obligez de parler pour l'authorité de l'Arrest, vous suppliant nous conseruer pour rendre le fidelle seruice que nous deuons en nos Offices.* Sur ce le Roy trouuant bon ce qu'ils auoient proposé, pour excuse, leur commanda se retirer au petit Cabinet : à quoy obeyssans, apres auoir attendu vne heure & plus, furent appellez au lieu ou le Roy auoit tenu Conseil : Et lors approchans de luy & de la Royne sa mere, leur fut dict par le Roy (la Royne, Monsieur le Chancelier, & eux seuls,) *Ie vous ay fait r'entrer pour vous commander ce que i'ay aduisé en mon Conseil, que vous direz de ma part à ma Cour de Parlement, voulant que ce soit vous qui luy portiez la parole.* Surquoy il supplia le Roy de les en excuser, & commettre ces paroles de mescontentement qu'il monstroit auoir à autres qu'à eux ; luy remonstrants qu'ils estoient à ses pieds, & seroient tousiours prests de s'y rendre à toutes heures qu'il luy plairoit leur mander pour luy obeyr ; mais qu'ils estoient aussi tous les iours aux portes du Iugement de la Cour, la necessité de leurs charges les y attachât, & astreignant d'y requerir

ce qui est de son seruice, & seconder les bonnes inten-
tions de son Parlement, lequel ils auoient recogneu &
recognoissoient plein de fiance, courageux & volontai-
re comme necessaire, à la conseruation de son authorité
& prosperité de l'Estat; Et qu'il estoit besoin de les maintenir en la croyance qu'ils deuoient auoir en ceste compagnie. La Royne leur dit; *Ce vous sera gloire d'obeyr au Roy,*
à quoy il se ressentit, contraint de respondre; *Madame, nous*
auons ceste gloire d'obeïssance toute preste. Et voyans quelques
vns s'approcher pour escouter, mesmes vn Prelat des
plus affectionnez à l'opinion nouuelle de la superiorité
du Pape sur les Roys, mesmes de France, il esleua sa voix,
disant ; *Nous sçauons dés long temps rendre ce que nous deuons*
au Roy, & que luy doiuent tous autres qui nous entendent, de
quelque qualité, condition, & dignité qu'ils soient & puissent e-
stre, ausquels nous auons fait & ferons la leçon d'obeyssance, leur
donnant le premier exemple pour recognoistre que vostre Maiesté,
Sire, tient sa Couronne & souueraineté immediatement de Dieu,
& ne depend d'autre pour ce qui est de la puissance temporelle,
comme vostre Cour de Parlement l'a tousiours soustenu, & nous
auec elle, dés long-temps nourris & confirmez aux maximes de la
France: Et luy particulierement qui parloit, dist au Roy;
Sire, ayant depuis plusieurs annees, qui sont proches de la trentié-
me, seruy & tenu ferme en la fidelité & cognoissance qui est deüe
à vostre pouuoir souuerain, dont entre tous les François ceux de ce-
ste Cour de Parlement sont des plus signalez, nous continuerons
auec eux, & perseuererons en l'affection de tres humbles, & tres-
fidels subiects & seruiteurs de vostre Maiesté: il leur fut commandé en fin de dire à la Cour trois choses;

La premiere, qu'il estoit irrité de la deliberation der-
niere, dont la Royne sa mere, & Monsieur le Chancelier
leur ont dit les raisons declarees en son Conseil, qui sont:
Que luy estant à Paris la Cour de Parlement n'auoit deu

. s'affembler pour deliberer d'affaires qui vont à l'Eftat,
ny à cette fin inuiter les Princes, Pairs, Seigneurs, & autres ayants feance au Parlement, fans luy en auoir parlé:
Qu'eftant maieur par les loix de France, bien que tout
autre de fes fubiects fuft mineur en fon aage, neantmoins Dieu ayant verfé en luy de plus grandes graces
qu'aux autres hommes, il deuoit eftre tenu pour plus
vertueux, & que fa puiffance n'eftoit en rien moindre
que celle de fes predeceffeurs : Que cette conuocation
ordonnee par la Cour, ores que Monfieur le Chancelier fuft requis de s'y trouuer, ne fe pouuoit faire par le
mouuement du Parlement ny autrement, que par let-
tres patentes de fa Maiefté: cela eftant de fon feul & fou-
uerain pouuoir.

Secondement, que le Roy vouloit qu'on luy enuoyaft
le regiftre de la deliberation, & qu'eux luy portaffent l'arrefté de la Cour. Et pour troifiefme commandement,
qu'il defendoit à la Cour de paffer outre à l'exécution
de l'arrefté. Ce qu'il leur enioingnit tref-expreffément
de dire à la Cour, & luy en rapporter refponfe. Adiou-
fta qu'ils auofent remarqué & recogneu quelque indignation en la face du Roy qui leur donna de l'apprehen-
fion : Et ne peurent perfuader, ny obtenir cette grace,
d'eftre déchargez du commandement du Roy, quoy que
par plufieurs fois ils euffent reiteré cette fupplication &
leur excufe, laquelle fit monter la cholere au vifage de la
Royne, quand elle leur dit; *Ce vous fera gloire d'obeyr au
Roy.* Et dit encore; *C'eft ce que vous auez à reprefenter.* Et
pour ce qui eftoit d'eux, eftimoit deuoir adioufter à ces
paroles, qu'ils remarquerent aux propos de plufieurs
Seigneurs qui parlerent à eux au Cabinet, apres auoir
pris congé du Roy, que quand la Cour apporteroit le
tefmoignage de fes bons vœus fur l'intereft du Roy & du
public,

public, y allant par tres-humbles remonstrances, comme il faut parler aux Roys en paroles de soye auec humilité, elle en pouuoit esperer du fruict, croyants que cette
compagnie imitant la sapience, qui crioit aux portes de la
iustice, & vsant de prudence & respect qu'elle doit & a
accoustumé rendre à la personne & puissance du Roy,
se conseruera au rang & pouuoir qu'elle a eu des Roys:
lequel n'est moins grand que celuy du Senat de Rome,
qui fut digne que Ciceron parlast deuant luy, & que les
Catons y fissent de graues & serieuses propositions pour
le bien de la chose publique. Et ainsi la Cour seroit loüee
par toute la France, & par tout le monde. Et pour le re-
regard, feront ce qu'ils doiuent en seruant le Roy, &
voyants son auctorité entiere, comme elle est, pour
maintenir celle de la Cour, de tout leur pouuoir, & la
menager par tel temperament & œconomie en tous
subiects, qui s'offriront, que comme la volonté en la
Cour, & en eux, en toutes actions honorables, l'occa-
sion puisse paracheuer ses œuures & les leurs, selon l'o-
bligation des consciences & au contentement du Roy &
de tous ses fidels subiects: Et par ce vœu, finissant ceste
action, qui recommencera toutes les autres qu'ils auröt
à fair e, supplia la Cour s'ils n'auoient pas faict tout ce
 qu'ils voudroient bien, qu'ayans recueilly tous leurs es-
prits pour satisfaire à leur deuoir en ce que ils pouuoient
luy pleust se tenir satisfaicte d'eux: & qu'ainsi qu'au té-
ple de Delphes y auoit vne inscription; Sacrifie selon ton
auoir, & le vray Dieu mesme se contente des oblations
qu'on luy faict selon sa puissance, qu'elle voulust receuoir de ses bonnes mains ce qu'ils luy offroient auiour-
d'huy, qui est la continuation d'honneur & de seruice à
la compagnie.

Les gents du Roy retirez, M. le premier President mit

en deliberatiõ ce qui estoit à fairesur ce rapport,enlaquel
le chacũ regretta cemal'heur de voir que sãs subiet ny iu-
ste occasiõ,l'on representoit le Royindigné, offencé,cho-
leré,irrité contre son Parlemẽt,&sur des rapports du tout
faux,& côtre l'intentiõ d'iceluy:veu qu'ẽ toute la deliberation precedẽte, si mal prise, & malicieusemẽt destour-
née en mauuaise part,nul n'auoit oublié le respect & l'o-
beïssance deuë au Roy, sans la volonté duquel nul n'en-
tendit ny ne pensa d'executer l'arresté: au contraire, qu'il
seroit supplié de le trouuer bon : que cela faisoit iuger
qu'il y auoit des interests particuliers meslez, de ceux
qui auoient preuenu les aureilles du Roy & de la Royne,
mal affectionnez au Parlement & à la Iustice : Et peut
estre aucuns apprehendans les Remonstrances, les pous-
soientà cette indignation pour destourner vn orage de
plainctes qui pouuoit tomber sur eux, & fut veu vn tres-
grand tesmoignage de regret en la compagnie, de ceste a-
-ction. En fin apres plusieurs bons & graues discours & o-
pinions, l'aduis commun fut de satisfaire au commandement que les gens du Roy auoiẽt apporté, & qu'eux mesmes portassent la responce au Roy, & l'arresté de la cour
pour luy donner à cognoistre que cela n'auoit esté ny
proposé ny arresté que soubs son bon plaisir, & non par
entreprise sur son authorité, comme l'on luy à voulu per-
suader contre toute apparence de verité:Que la Cour sçauoit trop bien que cela ne se pouuoit ny deuoit faire,que
ce seroit vne temerité denuée de toute prudence, dont elle n'a poinct encores esté blasmee. Ainsi fut deliberé que
l'arresté seroit mis és mains des gẽs du Roy signé du greffier pour le porter au Roy selon sa volonté,& furent chargez de representer au Roy combien son Parlement res-
sentoit de douleur & d'ennuy d'auoir esté accusé ou plustost calomnié vers luy, d'entreprise sur son auctorité, &

d'auoir seulement oüy dire qu'il estoit indigné & choleré contre luy; & le supplier de ne croire point ceux qui infidelement & contre verité luy raportent les choses autrement qu'elles ne sont : qu'il ne trouuerra iamais en cette compagnie que respect, tel qu'il luy est deu, tres-humble obeïssance, tres-fidelle seruice, & tres-vertueux courage au bien, repos & tranquillité de son Royaume, & conseruation de la personne sacree.

Le Mecredy premier iour d'Auril, les chambres furent assemblees, & les gens du Roy mandez pour faire leur raport de ce qu'ils auoient faict suiuant la deliberation du iour precedent, & comme il auoient executé ce dont la Cour les auoit chargez. Monsieur Seruin accompagné de ses deux collegues, dist qu'hier à l'issue de l'audience du matin, ils furent au Louure trouuer le Roy en sa petite chambre, où il estoit assis, & pres de luy, la Royne sa mere accompagnez de Monsieur le Chancelier, & plusieurs Seigneurs, qu'il luy dist; *Sire, comme nous deuons l'obeïssance de fidels subiets à Vostre Maiesté, ayants receu le commandement qu'elle nous fist Dimanche dernier, nous fismes entendre à vostre Cour de Parlement ce qu'il vous pleut nous dire, & de quoy auons à vous rendre fidel compte : Et luy auons representé vos paroles, lesquelles ouyes nous auons remarqué en tous ceux de la compagnie vn extreme desplaisir de vous voir irrité à l'encontre d'eux, se resouuenans sans cesse d'auoir bien faict, & donné exemple d'obeyssance à tous vos subiects, n'estimans pas deuoir encourir Vostre indignation. En fin faisant entendre que vous voulez sur toutes choses maintenir & conseruer Vostre authorité, & procurant enuers vostre Cour, qu'elle fist vne bonne resolution pour le bien & contentement de vostre Maiesté, ayant interest de l'auoir propice & fauorable, pour se rendre aussi vtile qu'elle est necessaire au seruice qu'elle vous doit nous auons esté chargez par elle de vous apporter l'arresté fait par elle Samedy dernier soubs vostre bon plaisir, & vous dire qu'elle n'a* rien si cher ny si recommandé que la conseruation de voftre puiffance souueraine & de vos bonnes graces: sans lesquelles tous vos Officiers en cette compagnie, vos tres humbles, tres-affectionez & fidels feruiteurs, ne pourroient faire leurs charges honorablement ny vtilement, vous supplie tres-humblement receuoir l'arrefté comme ayant efté fait d'vn cœur droict, & non auec intention d'entreprendre chose contre voftre authorité. A quoy le Roy & la Royne faisans demonftration d'auoir quelque satisfaction par ces mots, *Soubs le bon plaifir du Roy*, auroit pris l'arrefté de leurs mains, & dit qu'il le verroit, & au premier iour feroit endre sa volonté à sa Cour de Parlement.

Le Ieudy neufiefme iour d'Auril, l'audience leuee, trois de Meffieurs les Prefidens des Enqueftes vindrent trouuer Monfieur le premier Prefidét, & luy dirent, que Meffieurs des Enqueftes defiroient que l'on aduifaft s'il feroit pas bon de fupplier le Roy qu'il luy pleuft faire quelque responfe au Parlement, fuiuant la promeffe que longtéps y auoit qu'il luy auoit faicte, & luy remonftrerent qu'il eftoit befoin & neceffaire de le sçauoir, & qu'il ne feroit honnefte que les deliberations demeuraffent fans quelque effect. Il leur fit responfe qu'il failloit y aduifer; & fur ce se retirerent tous. Cela fut tout incontinent porté au Louure: Et le mefme iour Meffieurs les Prefidens, quatre des plus anciens de la chambre, des Prefidens & Confeillers des Enqueftes & Requeftes, furent mandez par le Roy de se trouuer au Louure fur les quatre heures où ils se trouuerent.

Le Vendredy dixiefme au matin, monfieur le premier Prefident fit appeller aux Chãbres, lesquelles affemblées, & les gens du Roy feuls, il rapporta comme le iour precedant ils auoient efté mandez se trouuer au Louure fur les quatres heures, & que eftans arriuez, & introduicts en la Chambre du Roy, il leur dift ces mots ; *Meffieurs, puis que vous auez voulu sçauoir ma responfe fur voftre arrefté que mes*

gens m'ont apporté, Monsieur le Chancelier la vous fera entendre.
Lors monsieur le Chancelier leur dist ; que le Roy estant
bien aduerty qu'aucuns de la compagnie ont desiré d'entendre sa response, encores qu'il fust conseillé par bonnes
& raisonnables considerations, la differer : neantmoins
il auoit charge de nous dire qu'il est fort offencé de l'entreprise que nous auions faicte sur son authorité, luy majeur, & outre en la ville capitale d'auoir voulu assembler
les Princes, Pairs, & Officiers de la Couronne, chose qui
est sans exemple, sans raison, ny apparence, & qu'aucun
Parlement auparauant n'auoit iamais fait : Qu'il sçauoit
bien que la cognoissance & le pouuoir du Parlement
estoient limitez, & comme il ne cognoissoit des comptes
ny du fait des gabelles, aussi le Roy auoit tousiours reser-
ué à soy la cognoissance des affaires de son Estat ; Que le
Parlement se denoit resouuenir de la responce faicte au
Duc d'Orleans, du temps du Roy Charles huictiesme par
feu monsieur le President de la Vaquerie, dont les serui-
ces & la memoire ont esté loüez & estimez des Roys ;
& des offences & ressentimens que le Roy Loys douzié-
me, & le grand Roy François tesmoignerēt en vne beaucoup moindre entreprise, & de la rigueur de l'Arrest qui
interuint du regne de Charles 9. pour auoir voulu en vne
affaire de moindre importance contester à son authorité,
dont la deliberation de la Cour fut biffée, & l'execution
publiée à huis ouuerts : Que ce Parlement le premier du
Royaume, deuoit employer son authorité, qu'elle tient
des Roys, à faire valoir celle du Roy, au lieu de l'employer à la déprimer, luy majeur & en sa preséce, dequoy
encores qu'il se sente fort offencé, neantmoins ayant sceu
que l'arresté auoit passé par la pluralité des voix des plus
ieunes & derniers receus, & que les anciens auoient esté
d'aduis contraire, a receu d'eux contentement, les prioit

de continuer & s'asseurer qu'il s'en souuiendra : Et afin
leur dit-il que vous ne preniez subiect d'excuser voftre arrefté pour auoir remis l'execution à la volonté du Roy, il
eft bien aduerty de l'arrefté du premier iour qu'il en fut
liberé & de ce qui a efté corrigé & mis de noulleau pour
adoucir fon indignation, de laquelle neantmoins, il ne re-
ftoit pas d'eftre offencé : pourquoy il vous fait defences
de l'executer, d'affembler aucuns Princes ny Pairs , ny en
deliberer d'auantage. Que le Roy auroit repris la parole,
& dict, *Meffieurs ; ce que Monfieur le Chancelier vous a dit, c'eft*
moy qui le vous dy : ie vous enuoyeray demain ma refponfe par éf-
crit ; ce pendant ie vous fay defenfes de paffer outre. A quoy Mô-
fieur le premier Prefident dit ; *Sire, nous auons beaucoup de*
defplaifir qu'apres auoir, depuis l'heureux aduenement à voftre
Couronne, fi fidelement feruy Voftre Maiefté, le feu Roy Henry le
grãd, & les Roys nos fouuerains Seigneurs, depuis l'eftabliffement
de voftre Cour, de veoir que nos feruices recogneus par tout le mõ-
de, foient fi mal interpretez que l'on les prenne pour entreprifes de
voftre authorité, & que vous en foyez offencé contre nous. Nous
nous affeurons que s'il nous eftoit permis de repliquer apres un cou-
roux tefmoigné de voftre bouche, à nous fait entendre par Monfieur
le Chancelier, nous pourrions auec tout honneur & refpect, au con-
tentement de voftre Maiefté, foulagement des efprits de tous ceux
qui vous affiftent, luy reprefenter, que voftre Parlement n'a iamais
rien deliberé que les Roys n'ayent approuué, & dont au lieu d'en a-
uoir des reffentimens & d'en faire de mauuais iugemens, nous n'ayõs
de tout temps receu des louanges & bienueillances, mefmes durant
les regnes alleguez par Monfieur le Chancelier. Mais parce que nous
fommes appellez deuant vous par voftre commandement fans auoir
charge du Parlement : Nous ne manquerons de luy faire entendre
ce qu'il vous à pleu nous prononcer de voftre bouche & de celle
de Monfieur le Chancelier : Cependant nous vous fupplions tref-
bumblement prendre de bonne part l'arrefté , comme fait, non par

l'aduis des derniers de la compagnie, mais par la voix & opinion commune, seule, & innocente de toute vostre Cour de Parlement, à laquelle, apres l'arresté, & ieunes & vieux, & tous ensemble, ont egalement contribué, & le prendre plustost pour vn exces & abondance d'vne bonne, sincere & droicte intention à vostre seruice que pour entreprise sur vostre auctorité. Lors la Royne dist, *Messieurs, ie sçay bien que ce sont les ieunes qui ont proposé cet aduis & qui l'ont fait passer à la pluralité; ie n'en sçay point mauuais gré à la Cour, & remercie les anciens & tous ceux qui s'y sont opposez; ie m'employeray pres du Roy mon fils pour les recognoistre, & tesmoigner leur bonne volonté.* Monsieur le premier President respondit; *Madame, nous vous suplions tres-humblement croire que nous auons tous participé à l'arresté, oublier le rapport contraire, & nous honorer egalement de vostre bonne volonté enuers le Roy.* Ce raport acheué les gens du Roy prierent la cõpagnie d'auiser à faire quelque Remonstrance pour leuer au Roy ce mescontentement. Eux retirez fut mis en deliberation qu'il estoit de faire pour contéter le Roy, & sans se departir neantmoins de la premiere deliberation de luy faire des Remonstrances, en laquelle fut remarqué fort à propos l'artifice de ceux qui occupans à toutes heures les oreilles du Roy & de la Royne, leur auoiët fait croire que la response que la Cour attendoit & demandoit du Roy, estoit sur cét arresté qui auoit causé cette indignation quils vouloient entretenir, & la perfidie de ceux qui si promptement & trop legerement auoient donné l'aduis de ce que Messieurs des Enquestes auoient ingenuëment proposé à Monsieur le premier President : Car la verité, qui ne peut estre contredicte, est, que la response qu'ils entendoient supplier le Roy de faire estoit qu'il luy pleust oüyr son Parlement, & l'entendre suiuant la promesse qu'il luy auoit faicte, sur les Remonstrances qu'il auoit à luy faire, & selon la proposi-

tion faicte dés le vingt-septiefme Mars dernier. Et
la concluſion de la deliberation ne le telmoigne pas
ſeulement, mais en faict la preuue tres-clair, n'y
ayant eſté arreſté autre choſe par l'aduis commun de toute
la compagnie, ſinon que de chacune châbre on depute-
roit deux Conſeillers, tant des Enqueſtes que des Requeſtes, auec aucuns de la grande chambre, pour tous
enſemble, auec Meſſieurs les Preſidens, dreſſer de
tref-humbles Remonſtrances qui luy ſeroient faictes &
preſentees par eſcrit.

Le Samedy vnzieſme d'Auril, le Roy enuoya au Palais vn valet de garderobbe, & Huiſſier du Cabinet
de la Royne, nommé Sauueterre : vers Meſſieurs les
Preſidents, leur commander de le venir trouuer au
Louure ſur les quatre heures, & d'amener quatre des
anciens de la grande chambre, & Meſſieurs les Preſidents des Enqueſtes, auec vn Conſeiller de chacune
chambre. Meſſieurs des Requeſtes n'en peurent eſtre
aduertis d'autant qu'ils n'eſtoient au Palais. A quoy ils
obeïrent & furent tous trouuer le Roy.

Le vingt-neufieſme du meſme mois, Monſieur le
premier Preſident fit appeller par toutes les chambres
afin de faire le rapport de ce que le Roy leur auoit dit,
n'ayant peu eſtre fait pluſtoſt a cauſe des feſtes de Paſ-
ques ; Et dit que le Roy auoit mandé Meſſieurs les Preſidens, & aucuns de ceux des Enqueſtes & Conſeillers,
qu'eſtans arriuez au Louure, & conduicts au Cabinet, où
eſtoiēt le Roy, la Royne ſa mere, le Sieur de Scuueray, M.
le Chanc. abſent, le Roy leur dit qu'il les auoit mādez ſur
ce qu'il auoit entēdu que nonobſtāt ſes defēces faices, deux
iours auparauāt, de faire des Remōſtrāces cōcernās les affaires de ſon Eſtat ils n'auoiēt laiſſé de deputer de chacune
châbre pour en faire. Sur quoy la Royne ſa mere leur feroit

roit entendre sa voloté, laquelle prit la parole & reïterát celle du Roy, dist que c'estoit chose qui n'auoit iamais esté faicte, & le deffendoit, que si le Parlement entreprenoit, il s'en ressentiroit : *Il est (dit elle) vostre Roy & vostre Maistre qui vsera de son auctorité si l'on contreuient à ses deffences.* Adiousta que c'estoit vne faction de gens mal affectionnez au Roy & à son seruice, & auec cholere prononça ces mots, *Qu'elle s'en vengeroit.* A quoy Monsieur le premier President fit response qu'il en aduertiroit la Cour de Parlement. Ce rapport ouy, & mis en deliberation ce qui estoit besoin de faire, il fut aresté vnanimement, que suiuant la precedente deliberation Messieurs des chambres apporteroiét leurs memoires à fin d'estre veus par Messieurs les Presidens & aucuns des Conseillers de la grande Chambre, pour dresser les Remonstrances, que la Cour a ordonné estre faictes.

Le Ieudy quatorziesme iour de May, deux de Messieurs les Cóseillers des Enquestes furét deputez, & viandrent en la grande chambre sur les neuf heures, pour aduertir Messieurs les Presidents & Conseillers d'icelle, que suyuant la resolution & arrest de la Cour, Messieurs des Enquestes s'estoient assemblez, & que sur les memoires qui auoient esté recueillis de chacune chambre, ils auoient dressé des Remonstrances, & faict vn Cahier general de toutes les memoires particuliers : que s'il leur plaisoit de deputer quelques vns de Messieurs de la grande Chambre pour les voir, ils estoient prests de les leur communiquer. Monsieur le premier President leur fit response, que c'estoit chose qu'il failloir faire selon l'intention de la compagnie : Et fut aresté à l'heure mesme que l'on y vaqueroit le Samedy ensuyuant, sixiesme du mois de releuée, & que tous Messieurs les Presidens s'y treuueroient, six, les plus anciens de la grande chambre,

C

quatre laïcs, & deux d'Eglife.

Et le fixiefme iour dudit mois l'apresdifnee, Meffieurs les fept Prefidens, les fix plus anciens de la grande châbre, & douze de Meffieurs les Prefidens, & Confeillers des Enqueftes, & Requeftes, deputez, fe trouuerent en la Chambre de la Tournelle, où eftans tous affemblez, les Remonftrances furent leuës par celuy de Meffieurs qui auoit pris la peine de les dreffer. Et apres auoir efté bien ouyes & entenduës furent fort loüees & approuuees, par vn general confentement de toute la compagnie. Et aucuns de Meffieurs les Prefidens dirent qu'il n'y auoit rien en tout cela qui ne fuft bon, mefme pour ne laiffer aucun degouft ou fubject de plaincte, l'on reforma quelques paroles, comme au lieu qu'il y auoit: *de fupplier le Roy de faire informer des chofes comprifes en vn article*, on trouua bon de temperer ce mot, & y mettre au lieu *d'informer*, *d'y pouruoir*: & de ne particularifer point le Nonce du Pape, autrement que fous le nom general d'Ambaffadeurs de Princes eftrangers, auec lefquels les fubiects du Roy ne doiuent auoir aucune habitude ny communication: combien que chacun fuft bien d'accord, que le Nonce l'a trop grande & trop familiere, auec non feulement les Ecclefiaftiques, mais auec quelques Officiers. Auffi fuft aduifé d'y adioufter vn article, pour fupplier le Roy de pouruoir aux Archeuefchez & Euefchez, gens d'aage, de litterature, & de bonne vie: Et en vn autre endroict fut ofté le nom du Pape.

Le Mercredy vingt-iefme, Meffieurs des enqueftes defirerent que ces Remonftrances furent leües, toutes les chambres affemblees, preuoyants, & prudemment, que plufieurs pourroient dire ne fçauoir que c'eftoit, ny fi elles eftoient bonnes, n'en ayants ouy parler, feulement qu'il y pourroit auoir quelque chofe à reformer, & qu'il failloit que chacun en dist son aduis: comme de faict, quelques vns semoient des-ja le bruit par le Palais, & dehors, qu'il failloit que toute la compagnie assemblee les vist, & qu'il n'estoit raisonnable qu'elles fussent veües & iugees par des deputez seulement: De façon que pour contenter les plus curieux, & euiter les plaintes ou rumeurs que la diuersité des humeurs & des opinions peuuent apporter, ils obtindrent aussi tost de Monsieur le premier President d'assembler les chambres, & incontinent qu'elles furent assemblees, vn de Messieurs de la grande chambre fut prié d'en faire la lecture, ce qu'il fist fort distinctement, & intelligiblement: lesquelles bien attentiuement ouies, & auec silence, comme nocturne, furent derechef grandement loüees, & approuuees par vn nouueau & plus vniuersel consentement. Ce faict, Monsieur le premier President, par l'aduis de toute la compagnie, enuoya au Parquet appeller les gens du Roy, ausquels il fit entendre que les Remonstrances que la Cour desiroit faire au Roy, estoient dressees, & prestes à luy presenter: que la Cour les chargeoit d'aller vers Monsieur le Chancelier, pour demander audience au Roy, afin de les luy faire entendre par escrit, comme il auoit esté arresté. Les gens du Roy rapporterent que le Roy donneroit audience à la Cour le Vendredy prochain, vingt-deuxiesme du mois. A ce iour Messieurs du Parlement aduertis, ayants à la façon accoustumee, deputé de chacune chambre des Enquestes, vn de Messieurs les Presidens, & trois Conseillers, & autant des Requestes, Messieurs les Presidens de la Cour se trouuerent six seulement, l'vn d'eux s'en estant excusé, en la grande chambre, où toute la compagnie s'assembla sur les deux heures de releuee: Et enuiron les trois heures monterent tous en carroces, & les gens du Roy auec eux, au nombre d'enuiron quarante, & plus, suiuis de grande multitude de personnes, comme en telles occurrences il se veoit ordinairement, toutes les aduenües du Louure bordees de peuple en haye, la court toute pleine de monde, les montées & les fenestres occupees: tant le bruict de ceste grande & importante action auoit fait naistre de desir à vn chacun d'en veoir l'execution.

Le Samedy vingt-troisiesme iour dudit mois, Monsieur le premier President fist appeller par toutes les chambres, pour faire le rapport de ce qui auoit esté faict le iour precedent. Les chambres assemblees, les gens du Roy presents, il rapporta que le iour d'hier executans la deliberation de la compagnie, Messieurs les Presidens & Conseillers, deputez auec luy, s'estoient acheminez au Louure, suyuant le commandement du Roy: où estans arriuez, veirent vne grande multitude de peuple, & furent conduicts en vne sale basse, que l'on leur dist estre vn lieu où l'on faict reposer les Ambassadeurs aupatauant qu'ils se presentent au Roy pour auoir audience. Qu'apres auoir attendu enuiron demie heure où plus, le Sieur de Vitry Capitaine des gardes du corps du Roy, les vint trouuer pour les conduire en la chambre du conseil, où estoient le Roy & la Royne, & les fist monter par vne petite montée secrette, disant qu'il y auoit tant de presse, & si grande foule par les autres montées, que malaisement & sans grande incommodité, pouuoient-ils y passer: Qu'il les conduict en la chambre, où estoient le Roy & la Royne, assistez de Messieurs de Guyse, de Neuers, de Vendosme, d'Espernon, de Souüray, & plusieurs autres Seigneurs & officiers de la Couronne, Mósieur le Chancelier, le Mareschal d'Ancre, & autres du Conseil d'Estat: Qu'apres auoir salüé le Roy, il luy dist qu'il estoit chargé de luy presenter de tres-humbles Re-

monstrances de la part de sa Cour de Parlement, non
pas luy representer le motif de l'Arrest donné le vingt-
huictiesme Mars ; qu'elle le supplioit tres-humblement
de croire qu'autre volonté ny intention ne l'a poussée à
les faire, que la necessité de l'Estat de son Royaume, &
vne grande, bonne & sincere affectiõ, qu'elle a tousiours
porté & porte à son seruice, au bien & repos de son Estat:
en quoy ceste cõpagnie ne cede à autre, qui soit, non pas
en France seulement, mais en tout le monde, & dont
elle a tousiours rendu si bons & fidels tesmoignages, que
l'on ne peut en desirer de plus grands ; qu'elle ne porte
enuie aux grandes richesses, faueurs & dignitez d'aucune personne, ny maltalent à aucun ; qu'elle n'a iamais
mãqué à la fidelité deue au seruice du Roy, & a tousiours
recognu ceste Majesté pour son souuerain Seigneur, &
vnique maistre, le suppliant de les receuoir, & auoir a-
greables, comme venans de la plus deuotieuse, fidele &
obeïssante compagnie qui puisse estre : ce qu'ayant dict,
il presenta le Cayer des Remonstrances au Roy, qui les
prit, & les bailla au Sieur de Lomenie, Secretaire d'Estat;
& apres commanda que l'on se retirast : Qu'il dict lors au
Roy, qu'il auoit charge de supplier tres-humblement
sa Majesté, qu'elles fussent leuë presentement ; ce que la
Royne trouua bon ; Et lors le Roy commanda au fils du
Sieur de Lomenie, de les lire, ce qu'il fit, & les leut d'v-
ne voix fort intelligible ; & si bien, & distinctement,
qu'elles furent attentiuement escoutées, & fort bien
entenduës de tous ceux qui estoient dans la chambre.

Qu'apres auoir esté toutes leuës, le Roy leur commanda de se retirer au grand Cabinet, & que demie heure
apres ou enuiron, ou les manda de retourner, où estans,
le Roy leur dit qu'il auoit entendu les Remonstrances,

defquelles il n'eftoit pas bien fatisfaict : que la Royne fa
mere diroit le furplus. La Royne alors prit la parole, &
dict, que le Roy auoit grande occafion d'eftre offencé de
la compagnie, laquelle, contre fes deffences auoit touché
aux affaires de fon Eftat : que le Parlement vouloit fe
mefler de reformer, & de difpofer du gouuernement &
des finances, qu'elle n'eftoit point fi peu clair-voyante,
qu'elle ne recogneuft bien que l'on attaquoit fa Regence, que tous les Ordres de ce Royaume , affemblez en
corps d'Eftat, & le Parlement mefme auoient louée : que
l'on ne pouuoit parler du gouuernement, & adminiftra-
tion des affaires du Royaume, fans la toucher & parler
d'elle : qu'elle eftoit bien aduertie que ces Remôftrances
n'auoient pas efté trouuées bonnes, ny approuuées par
tous ceux du Parlement , & qu'il y auoit fix Prefidens,
tant prefents que abfents, qui y auoient refifté , mais que
fix ou fept, ou Prefidents, ou Confeillers, en auoient efté
les promoteurs, defquels le Roy fçauoit les noms & de-
meuues : qu'à l'aduenir il ne l'endureroit plus, & les fçauroit bien chaftier : Qu'elle vouloit que chacun fceuft , &
pouuoit le dire tout haut , qu'il ny euft iamais Regence
en France plus heureufe que la fienne , & s'arreftant là,
dift que la cholere la preffoit en telle forte , qu'elle ne
pouuoit plus parler ; commanda à Monfieur le Chancelier de continuer, & faire la refponce du Roy, Que Monfieur le Chancelier dift que la France eftoit vne Monar-
chie, ou le Roy feul commandoit, tenant fon Royaume
fouuerainement de Dieu : Qu'il y auoit des loix & des
Ordonnances , par lefquelles il deuoit le gouuerner,
dont il n'eftoit tenu de rendre compte à perfonne : qu'il
n'appartient point au Parlement de controller fon gouuernement que le Roy auoit diftribué les charges, & fon-
ctions en fon Royaume diftinctement , à la chambre des

comptes, la ligne de compte , aux Generaux de la Iustice, les aydes : dont il ne iugeoit point : à plus forte raiſon ne pouuoit il ſe meſler de la conduicte , & direction de ſon Eſtat, que le Parlement ne pouuoit, ny ne deuoit entreprendre plus que le Roy luy permettoit ; qu'il eſt vray, que les Roys aux grandes affaires auoient accouſtumé de prendre aduis du Parlement , & croyoit qu'il pouuoient grandement ſeruir, mais que c'eſtoit quand il luy plaiſoit : que quand leur auctorité eſtoit ioincte auec la volonté du Roy elle eſtoit tres bonne, & conſeilleroit touſiours le Roy d'vſer de leurs Conſeils , non pas les donner de leur mouuement & ſans la volonté du Roy : que quand ils voudront eux meſmes y penſer, ils trouueront qu'ils ne le deuoient faire : que le Parlement s'eſtoit porté inſenſiblement à vne deliberation, qui alteroit grādement l'auctorité du Roy : que le temps meſme y eſtoit fort contraire, auque l'on trauaille aux cayers des Eſtats, leſquels eſtant enuoyez au Parlement, il euſt lors trouué ſubiect de faire ce qu'il faict maintenant hors de ſaiſon : que veritablement l'intention eſtoit bonne, mais qu'au parler il y auoit du manquement : qu'il auoit dit cy deuāt que cela eſtoit ſans raiſon, qu'il dit maintenant que cela eſtoit ſans exemple ayant charge expreſſe de dire l'vn & l'autre, d'autant qu'il ne ſe trouuera point que le Roy eſtant à Paris , le Parlement de ſon propre mouuement ait aſſemblé les Princes , Ducs, & Officiers de la Couronne, dont il ne veut autre preuue que les exemples rapportées dans les Remonſtrances : que pource qui ſe paſſa du regne de Charles cinquieſme , ce fut le Roy meſme qui ſur vne Requeſte preſentée par ſes anciés ſeruiteurs qui eſtoient en Guyéne, fit appeller le Roy d'Angleterre en ſon Parlement, faiſant condamner les rebelles & confirmer les fidels : que toutes ces allegations ne

se pouuoient approprier au sublect present : Et quand
aux traictez de paix, ne se delibereroient point au Parlement : que l'accord estant, on faisoit publier la paix à son
de trompe, qu'au dernier traicté faict auec le Roy d'Espa-
gne, auquel il eut l'honneur d'estre emploié, apresque
les deputez furent d'accord des articles, & qu'ils furent
signez du Roy, la paix fut publiée à son de trompe, &
l'on temps apres sa Maiesté enuoya au Parlement, pour
estre enregistrez : que pour les euocations, dont on se
plaignoit, qu'il n'en auoit point donné sans deliberation
de Conseil, & que c'estoit pour empescher que les Par-
lements au preiudice des ordonnances, prissent cognoissance des differents de ceux, qui auoient des parens en
leur compagnie : quand aux abolitions, il pouuoit asseurer pour l'aduenir, qu'il ne s'en passera plus aucunes, le
Conseil estant reiglé de sorte qu'il seroit malaisé de le
faire : Qu'il pouuoit dire pour le passé n'en auoir seellé,
sans auoir esté deliberées, & rapportées en plein Conseil, par l'vn des Maistres des Requestes, n'en ayant iamais esté vsé si sobrement que depuis quatre ou cinq
ans : Et pour les cassations des Arrests du Parlement, ç'a
esté quand il a entrepris de iuger par dessus les defences
du Conseil, qui n'a esté tenu tels iugements pour Arrest
que leurs Arrests n'auoient iamais esté plus soigneuse-
ment gardez qu'ils l'auoient esté depuis peu d'années:
Que l'on auoit faict cesser le Conseil pour trauailler sans
intermission aux cahiers des Estats : & qu'estants à present sur celuy de la iustice, sa Maiesté auoit commandé
d'en prendre leur aduis : Que le Parlement ne gardoit
pas les ordonnances, sur la reception des Conseillers, re-
ceuant plusieurs freres & proches parents, dans mesme
Parlement, moins celle de Molins confirmee à Blois
pour les procez de Commissaires, qui ne les permet
qu'en

permet qu'en cinq cas, que l'on ne garde pas, qu'il y a-
uoit des Requestes au Conseil pour en casser des Arrests:
ce que l'on n'a encores faict : Que d'ailleurs on euoque
des procez des Iuges subalternes, mesme les decrets, &
les iuge l'on en premiere instance : Que l'on casse les Arrests du Conseil du Roy , encores qu'ils portent ces
mots : *Le Roy en son Conseil*, & deschargent les parties des
assignations qui leur y sont donnees : Qu'on ne pouuoit,
ny deuoit on se pleindre de la Regence de la Royne qui
a esté si heureuse que iamais les historiens n'en ont remarqué de si fauorable, pendant laquelle la France a iouy
abondamment de toutes sortes de biens : Que la Royne
ne doit compte qu'à Dieu seul de sa Regence, & quand
elle voudra se rendre au Roy, sa Majesté luy en sçaura
gré ; Que personne ne pouuoit prescrire au Roy quel
Conseil il doit prendre, qu'il auoit trouué bon se seruir
des mesmes personnes que le feu Roy auoit choisi, dont
il s'estoit bien trouué : Que sa Majesté feroit veoir en
son Conseil les Remonstrances, & y feroit respondre:
Que comme ils pensoient se retirer, Monsieur le President Ianin commença à dire, qu'ayant innocemment
manié les finances du Roy: auec ceux qui y sont em-
ployez, il penseroit encourir blasme , s'il ne disoit
quelque chose de sa charge, de laquelle il respon-
droit pardeuant les plus seueres Iuges , & qu'il s'eston-
noit comme il estoit blasmé , non par vne populace,
qui interprete legerement les actions d'autruy, mais
par vne compagnie de gens sages , malitieusement
informee de l'administration des finances du Roy, que
c'estoit à luy que l'on s'adressoit, & non à la Royne,
qui n'estoit tenuë de rendre compte de sa Regence
qu'au Roy, lequel quand il sera en aage de l'ouyr,
s'il veut en prendre la peine, luy rendra mille graces

D

du foin qu'elle y a aporté Et pour entrer au particulier, qu'apres que le Roy nous fut rany, Monfieur
de Seully continua le maniement des finances, iufques à la guerre de Iulliers, en arrefta luy mefme la
defpence, ne laiffant lors de deniers comptans és mains
du Threforier Puget, que trois millions cinq cents
mil liures, qui furent baillez au fieur de Beaumar-
chaiz. De dire que le reuenu du Roy foit augmenté
depuis le deceds du feu Roy, on ne fçauroit le dire,
puis qu'au contraire il y a eu du rabais fur les gabelles
de deux millions de liures, & les charges augmentees
de quatre millions, pour la neceffité des affaires.
Quant au deniers de la Baftille, quelques neceffitez
que l'Eftat aye paty, on n'y a point touché, finon
pour arrefter le cours des mouuemens derniers, &
pour le voyage de Poictiers: Et fur ce qu'on a dict,
qu'on mettoit du temps du feu Roy, tous les ans
deux millions de liures, que cela n'eftoit point, que
l'on n'y mettoit que huict cens mil liures: qu'il eftoit fort
perilleux de toucher au mal, fans y aporter le remede:
qu'il failloit nómer, & particularifer ceux qui en eftoient
caufe lefquels feront incontinent abandonnez des gens
de bié, & que luy mefmes feroit le premier à le faire: qu'à
la verité, il feroit expedient de retrancher les depenfes, &
charges furuenuës, que fon deuoir l'obligeoit de dire
cela. Que monfieur de Guife, ce propos finy, parla
au Roy, & luy offrit fa vie, fon efpee enuers tous,
& contre tous : & que les Sieurs de Vendofme, &
de Montmorency en firent autant. Que monfieur d'Ef-
pernon dift, que le Parlement n'auoit point de puiffance d'appeller les Pairs, & les affembler fans per-
miffion du Roy : qu'il auoit l'honneur d'y feoir, mais

qu'il se garderoit bien d'y aller pour l'instruire d'affaires
d'Estat. Qu'il luy repliqua que l'Arrest estoit soubs le
bon plaisir du Roy. Que ledit sieur d'Espernon respondit, que l'Arrest n'estoit ainsi du commencement, &
qu'on sçauoit tout. A quoy voulant respondre, & aux
autres qui auoient parlé, la Royne luy ferma la bouche,
& luy dict: *C'est assez.* Que ce discours finy, le mareschal
d'Ancre se leua de dessus vn Tabouret, sur lequel il estoit
assis, s'approcha de l'oreille de la Royne, & luy parla bas, puis retourna en sa place : laquelle s'addressant
au Parlement, dict, qu'il souffroit faire & vendre des li-
belles diffamatoires, contre l'honneur du Roy, & le sien,
& n'en faisoit iustice : *Tenez*, dit-elle, *Voyez ce liure intitu-
lé la Cassandre* : & le bailla à monsieur de Pisieux Secretaire d'Estat, qui en leut quelques fueillets marquez, puis
se teut : à quoy il luy respondit qu'il y auoit trois iours
qu'il en faisoit faire vne exacte perquisition chez les Im-
primeurs, & qu'il n'auoit encore sceu rien descouurir.
Que monsieur d'Espernon dist que ce n'estoient ces pau-
ures gens là qu'il failloit punir, qui ne cherchent qu'à
gaigner leur vie, mais les autheurs : que la Royne fit appeller les gens du Roy, & leur fit bailler le liure.

Par ce rapport plusieurs obseruerent auec apparence,
que l'on auoit preparé le Roy & la Royne à quelque indignation & cholere, comme il parut puis apres : par-ce
que quand le Parlement alloit au Louure, il montoit par
les grands degrez, à la veuë d'vn chacun, droict en haut:
Et si l'on la faisoit attendre, c'estoit ou en la Chambre du
Roy, ou en vn cabinet. Icy il fut receu en vne salle basse,
comme vne sale de commun, & apres auoir attendu long
temps, conduict par vn petit escalier estroit, & secret,
afin de n'estre veu de personne, pour obscurcir le lustre
d'vne action fort attendue & importante, & raualer au-

cunement la dignité de ceste compagnie, qui a esté fauo-
rablement & honorablement traictee des Roys, l'ayant
recogneuë vtile, & necessaire à leur Estat, pour la conseruation de la majesté & authorité Royale: & l'honneur
qu'elle a iustement acquis de sa fidelité, & obeyssance
incomparables.

Le Lundy premier iour de Iuin ensuiuant, les gens
du Roy vindrent enuiron les sept heures & demie du
matin à la grande chambre, messieurs les Presidents &
Conseillers, prests à monster à l'audience, dire monsieur
Seruin portant la parole; Que le mercredy xxvii. du
moys de may, leur fut mandé par le Roy de se trouuer au
Louure; A quoy ils obeyrent, pour entendre la volonté du Roy, lequel les ayant fait entrer au cabinet, leur
dit que la Royne leur diroit sa volonté, laquelle assistee
de monsieur le Chancelier & quelques autres leur dist,
que le Roy les auoit mandez pour leur faire lecture de
l'Arrest qu'il auoit donné en son Conseil sur les remonstrances à luy faictes par la Cour de Parlement; qu'il
vouloit qu'ils l'entendissent: qu'ils remonstrerent qu'il
n'estoit point besoin de leur faire sçauoir à eux particulierement, qu'il vouloit qu'il vinst à la cognoissance du
Parlement: qu'ils supplioient tres humblement le Roy
de ne les point engager en ceste lecture, eux qui estoient
au Parlement pour l'y seruir, & qu'il ne leur comman-
dast pas chose qui allast contre le Parlement, du corps
duquel ils estoient: La Royne leur repliqua qu'ils deuoient obeyr au Roy, estoient ses gens, & ne pouuoient
ny deuoient refuser ce commandement. On auoit aussi
mandé le Greffier du Tillet, auquel la Royne dit, qu'il
estoit Officier du Roy au Parlement, que le Roy desiroit
auoir l'Arrest sans dire quel : il fit responce qu'il ne sçauoit pas quel arrest la Royne luy demandoit & n'auoit

fouuenance d'en auoir aucun : Et fur ce que l'on douroit
quel Arreſt elle entendoit, le ſieur de Souuray diſt, l'Arreſt des Remonſtrances : qu'ils cogneurent que c'eſtoit
celuy du vingt huiĉtieſme de mars qu'elle entendoit,
dont y auoit eu tant de plainĉte : que les choſes en de-
meurerent là pour ce iour : mais le lendemain xxviii.
iour de l'Aſcenſion, l'on porta à monſieur le Procureur
general vn Arreſt en parchemin, ſeellé, auec vne com-
miſſion addreſſante au Parlement, donné au Conſeil du
Roy, auec commandement de la preſenter, & le faire
lire au Parlement : ce qu'ils auoient differé de faire le
lendemain, voulant tant qu'ils pourroient, gaigner
temps, & s'ils pouuoient, retarder au moins, s'ils ne
pouuoient l'empeſcher, l'execution de ce commandement. Dirent que le Vendredy vingt-neufiefme, ils furent encores mandez au Louure, & leur demanda l'on
qu'elle diligence ils auoient faiĉt d'executer le commandement du Roy, & pourquoy ils ne l'auroient
pas faiĉt, qu'il reſpondit, qu'ils ſupplioyent tres-
humblement le Roy, & la Royne, de les excuſer
de porter à ſon Parlement ce qu'ils ſçauoient bien pouuoir & deuoir eſtre porté par autres perſonnes qu'eux :
qu'ils eſtoient ſes gens, & qu'ils n'auoient iamais man-
qué à obeir fidelement aux commandemens de luy & de
la Royne : qu'en les chargeant de ce commandement
vers le Parlement, il ſembloit que l'on prenoit occaſion
de les diuiſer d'auec luy, & leur oſter tout moyen de
leur rendre tres-humble ſeruice en ceſte compagnie,
dont ils eſtoient, pleine d'obeyſſance & de fidelité. La
Royne leur dit, que le Roy le vouloit, & elle deſiroit
conſeruer ſon auĉtorité d'elle, & que les commandemens du Roy, & les ſiens, fuſſent executez
ſans excuſes & ſans delay : que le Procureur general

du Roy lors prit la parole, & dit à la Royne ces mots; *Madame vous faictes porter vn flambeau, qui allumera vn feu, dont les cendres dureront long temps, & nous en craignons l'euenemēt:* Qu'elle luy repliqua: *Che euenement, que le peuple se mouueraï Non, Madame (dit-il,) mais vn changement de la bonne affection & esloignement de la deuotion des bons subiects & seruiteurs du Roy, & la desunion des grandes compagnies de ce Royaume qui exercent la iustice, qui faict regner les Rois.* Qu'il y eut longue côtestation sur ce refus qu'ils faisoient de se charger de cet Arrest, mesmes qu'il se mit à genoux deuant le Roy pour le supplier de ne les forcer poinct à ce faire, d'auoir égard à ce qu'ils estoient, & que la qualité qu'ils tenoient en la Cour de Parlement les en pouuoit excuser. Mais le Roy disoit tousiours, *Non, non ie le veux, & la Royne aussi;* Que depuis le Samedy & le Dimáche, ils ont esté tellement solicitez & pressez, que s'estás mesmes absentez de leurs maisons, on estoit vēnu les trouuer aux Eglises, & en fin de nuict couchez en leurs licts, auec paroles aigres, & comme de menaces, qui estans tellement contraincts & forcez, ils apportoiēt la volonté du Roy par son tres-expres commandement, & trop de fois reiteré, duquel il n'a pas esté en leur pouuoir de se defendre ny s'excuser. Et ce faict mirent deux parchemins sur le bureau, & se reiterent, lesquels Monsieur le premier President fit prendre par Voisin clerc du Greffe, & fit appeller Messieurs de la grande chambre, de la Tournelle, & de l'Edit, & en ceste assemblée leur fit entendre tout ce que les gens du Roy auoient dict, lesquels en auoiēt faict entendre autant à tous Messieurs les Presidents dés le Samedy: Et mesmes y auoient faict appeller quatre ou cinq de Messieurs les Presidents des Enquestes, & dict qu'il les auoit prié de le faire entendre en leurs chambres, & les disposer à faire ce que les gens du Roy croioient par leur aduis pouuoir composer cét affaire auec la bonne

grace du Roy & l'honneur du Parlement, qui eſtoit, que
ſi la Cour deputoit quelques vns vers le Roy & la Roine,
leur faire entendre que par les Remonſtrances, le Parlement n'a iamais entendu ny penſé de parler des actions
du Roy ny de la Royne, ny de ſa Regence & gouuernement, reïterer les grandes ſubmiſſions que deſia l'on a-
uoit faites, leur proteſter & aſſeurer, comme de couſtu-
me, tout ſeruice, obeïſſance, fidelité, & reſpect: ils auoiét
ferme opinion que l'on appaiſeroit le couroux & l'indignation du Roy & de la Royne. Móſieur le premier Preſident ayant propoſé cela, tous Meſſieurs de la grande
chambre, trois ou quatre exceptez, furét d'auis qu'il ſail-
loit que toutes les chambres des Enqueſtes & Requeſtes, en fuſſent aduerties, & qu'ils entendiſſent tout ce
que deſſus; que la grande chambre ſeule n'y pouuoit re-
ſoudre rien ſans eux, ny y toucher ſeulement. A lors les
clercs du Greffe furét enuoyez aux chambres, leſquelles
incontinent aſſemblées, Monſieur le premier Preſident
fit ſommairement le rapport de ce que les gens du Roy
auoient dict & leur auoient communiqué. L'affaire mis
en deliberatió en la maniere accouſtumé, il n'y eut qu'vn
aduis, par lequel fut reſolu que l'on contenteroit le Roy
par toutes ſubmiſſions & ſatisfactions, & la Royne auſſi,
& fut arreſté, que Meſſieurs les premiers Preſidens &
autres, auec quelque nombre de Meſſieurs les Conſeil-
liers, tant de la grande chambre, que des Enqueſtes, ſeroient deputez pour aller vers le Roy, & luy teſmoigner,
& à la Royne ſa mere, le deſplaiſir que la Cour receuoit
de leur mal-contentement, les aſſeurer qu'elle n'a touché
ny entendu toucher à leurs actiós, moins aux perſonnes,
& n'auoit eſté pouſſée à faire les Remonſtrances, que
pour le bien & ſeruice du Roy, & de ſon Eſtat; leur reïterer auec toute humilité & ſubmiſſion, la ſupplication
qu'elle leur a faicte, auior ſes Remonſtrances agreables,

qu'elle croit eſtre véritables, & y pouruoir ainſi que ſes predeceſſeurs ont cy deuant faict.

Le Mercredy troiſieſme de ce meſme mois, peu auant huict heures, les gens du Roy vindrent en la grande chambre, pour rapporter à la compagnie qu'ils auoient eſté voir Monſieur le Chaucelier, pour le prier de ſçauoir la commodité de la Royne, & quel iour & heure il luy plairoit donner à Meſſieurs les Preſidens, & Conſeillers, Deputez pour faire au Roy, & à elle, les ſubmiſſions, & declarations ordonnées luy eſtre faictes par la deliberation precedente, lequel leur qu'il diſt ſçauroit de la Royne le iour, & ſõ heure, & les en aduertiroit, que ſur les trois ou quatre heures, ils furent mandez au Louure, où ils trouuerent toutes choſes changées, & que la Royne leur diſt, que le Roy ne vouloit rien oüyr, ny entendre, que ſa volonté ne fut executee, l'Arreſt donné en ſon Conſeil, leu & enregiſtré; Surquoy Monſieur Seruin remonſtra que le Parlement s'eſtoit porté à tout le deuoir que le Roy & la Royne pouuoient deſirer, & de leur apporter tout contentement & ſatisfaction qüe l'on doit, & peut-on faire à ſon Roy, meſmes des trois points qu'ils auoiẽt deſiré. Le premier, qu'il n'a iamais penſé ſeulement toucher, ny parler du Roy, ny de ſa perſonné, & actions. Le ſecond, non plus de celle de la Royñe, ny de ſa Regéce & gouuernemẽt; au contraire, loüer grandement ſa prudence & ſageſſe, ſon ſoin & affection au bien de l'Eſtat, & repos du Royaume, meſmes depuis la majorité du Roy. Le 3 qu'il na point entrepris ſur ſon authorité, par l'Arreſt dont on ſe plaint, & n'a pas creu, ny croyra iamais, qu'il aye, ny puiſſe auoir autre authorité que celle que les Roys ont mis entre ſes mains, ny qu'il aye, ny doyue auoir puiſſance ſouueraine en ce Royaume, que celle du Roy; que le Parlement n'ayant aucune authorité ſans lui, ne peut pas entreprendre

rien de foy, ny fubfifter fans la fienne ; qu'il n'a que l'o-
beyffance & la fidele affection à fon feruice, & vn vœu
commun, incomparable à la conferuation d'icelle ; que
nonobftant leur remonftrance & fupplication, la Royne
leur dift que le Roy vouloit & leur commandoit de faire
que fon commandement fuft executé, que l'Arreft fuft
leu & enregiftré : adjouftant qu'ils le fiffent entendre, &
fur peine de defobeyffance ; qu'ils eftoient fort marris
d'eftre contraints d'apporter commandement, dont ils
ont effayé par toutes honneftes façons & fupplications,
de le defcharger. Sur ce il fut deliberé, & paffa par aduis,
d'affembler les Chambres, qui incontinent furent man-
dées en la maniere accouftumée ; lefquelles affemblées,
monfieur le premier Prefident commanda à Voifin, principal Clerc du Greffe, de lire cet Arreft du Confeil Priué.
Cet arreft ayant efté leu, fut mis en deliberation ce que le
Parlement auoit affaire fur cela. Les opinions alloiét toutes au commencement à Remóftrances & grandes plainctes des mauuaifes, rigoureufes , & injurieufes paroles y
contenuës, comme calomnie, fauffeté, malice, defobeïf-
fance, que la condition du Parlement eftoit à regretter
d'eftre fi mal recompenfé de fa fidellité : aucuns adjoufte-
rent qu'à la fin des Remonftrances, le Roy feroit fupplié
fi fon Parlement eftoit coulpable de ces crimes, de le defcharger de l'exercice de la Iuftice, ne pouuoit auec honneur vacquer, eftant non feulemét accufé, mais condam-
né par cet Arreft de trois crimes capitaux, & receuoit les
officiers d'iceluy à luy remettre leurs robbes, bonnets, &
chapperons. Cefte parole affez mal receuë de quelques
vns, interrópit pour vn temps les opinions fur vne plaincte que l'on faifoit, que les opinions n'eftoient pas
libres ; & y eut vne grande rumeur, laquelle appaifée,

E

on continua les opinions. Tous se plaignoient aussi de quelques vns, qui pour acquerir le vent de la Cour, & quelques faueurs, rapportoient au Louure à des Seigneurs, tout ce qui se faisoit & disoit en Parlement,& les opinions particulieres d'vn chacun, qu'il n'en falloit aucune autre preuue, que ce que la Royne auoit dict, que l'Arrest du Conseil priué,le dire de monsieur d'Espernon, & tout ce qui s'est passé iusques icy. Et examinans l'Arrest du Conseil, soit en la forme ou aux fonds, & aux paroles, plusieurs trouuoient à redire, & ne le iugeoit on pas digne du lieu d'où il partoit, & du lieu où il estoit enuoyé.L'on prenoit diuers aduis, les vns à supplier le Roy d'excuser son Parlement de proceder à cét enregistremér, qui seroit luy faire vne notte & vne offence irreparable, se contentant de la lecture faicte par son tres-exprez cómandement,& par grande obeyssance,sinon, qu'il pleust au Roy, pour garentir son Parlement de tant de calomnies dont on le charge, permettre que l'on entre au particulier,pour iustifier les Remonstrances qui sont vrayes Sur les opinions l'heure sonna,

Le Ieudy quatriesme, la deliberation continua en diuers aduis; les vns de dire selon que l'on souloit anciennement pronócer quand les Roys enuoyoient des Edits que la Cour ne iugeoit pas bons, que nous ne pouuions, ne deuions enregistrer cét Arrest, ny la commission, qui est vne fort ancienne & accoustumée response du Parlement, pleine de Iustice & liberté, pour arrester le cours des Edicts pernicieux, à la foule du peuple, & ruyne de l'Estat, de laquelle aujourd'huy l'on n'vse plus, s'estant le Parlement priné depuis peu de temps, de ceste genereuse & vtile liberté, necessaire pour la conseruation de l'authorité du Roy. soulagement de son peuple par sa facilité, de laquelle ont abusé ceux qui ont tenu les principaux lieux, ou pour acquerir les bonnes graces de la Cour, ou que cela nuifoit à leurs interefts particuliers. Plufieurs eftoient d'auis, adjoufter aux autres qui alloiét à Remonft ances, de fupplier le Roy qu'il fuft informé du contenu en icelles, & commander que commiffion fuft decernée à fon Procureur General pour en informer, & au Parlement faire le procez à ceux qui fe trouueroiét coulpables, Surquoy l'heure fonna. Et d'autant que le Vendredy eftoit le iour deftiné pour la pronóciation des Arrefts generaux, & aller aux prifonniers à la Conciergerie, & au Chaftelet, comme on a accouftumé, la deliberation fut remife apres les feftes, lefquelles paffées, monfieur le premier Prefident fit aduertir meffieurs des Enqueftes, qu'il feroit affembler les Chambres le Samedy vingtiefme du mois de Iuin, auquel iour il fe trouua que cinq ou fix Meffieurs de la grande Chambre qui auoient opiné, eftoient abfens, & l'vn de meffieurs les Prefidens, qui donna occafion à monfieur le premier Prefident de mettre en deliberation en la grande Chambre, fi l'on pafferoit outré, ou fi l'on differeroit : l'opinion commune fut de differer iufques au Lundy, obferuant la reigle accouftumée au Parlement, d'attendre vn iour les abfens qui ont opiné & arrefté, que le Lundy on continueroit la deliberatió en la compagnie qui s'y trouueroit, & fans remife.

Le lundy vingtdeuxiefme, les Chambres eftans affemblées, les gens du Roy entrerent en la grande Chambre, & monfieur Seruin dift que le Roy les ayant mandez par diuerfes fois, depuis que la Cour a commencé d'entrer en deliberation fur l'Arreft du Confeil & commiffion n'agueres enuoyée touchant les Remonftrances à luy prefentées, & leuës deuant luy, il leur auroit dit & fait dire par la Royne fa Mere, qu'ayant entendu l'Arreft cy de-

E ij

quant fait par la Cour, de faire les submissions au Roy telles qu'elles luy sont deuës, auec tesmoignage de l'hôneur qu'elle porte à la Royne: l'execution de cet Arrest estoit attenduë, & que quand la Cour auroit cómencé, le Roy rendroit telle response que chacun en auroit contentement. A quoy eux, qui, comme gens du Roy doiuent dire & faire ainsi qu'ils ont tousiours fait, ce qui va à la conseruation de l'authorité du Roy, & la manutention de la dignité de la Cour, auroient respondu: Qu'ils auoient tousiours receu toute fidelité & affection au seruice du Roy, en tous ceux de la compagnie, & qu'il n'y a aucun en icelle qui ne soit porté à rendre toute reuerence & obeïssance à la Majesté du Roy; qui ne loüe aussi de cœur & de bouche la volonté de la Royne sa Mere, & ce qu'elle a fait pour le gouuernement de l'Estat, & qui n'en espere toute bonne conduicte à l'aduenir, dont ils ont rendu tesmoignage: & feront preuue de leur perseuerance par la continuation de leur seruice, pour donner exemple à tousautres subject, & seruiteurs du Roy, de se contenir en leur deuoir. Que sur ce, le Roy & la Royne, par vn bon visage, auoient fait demonstration, confirmée par leurs parolles, de leur vouloir & intention, dont la Cour se deuoit promettre par leurs bouches tout le fruit qui se peut attendre d'vn Roy, qui prend plaisir aux seruiteurs prudens. Ce qu'ils ont estimé deuoir representer à la Cour afin que sçachant ce qui s'est passé, elle y apporte la consideration qu'elle aduisera conuenable par sa prudence, pour le bien & seruice du Roy. Eux retirez l'ó commença à deliberer, & tous en general se plaignans des parolles injurieuses qui se trouuoient en cest Arrest du Conseil, dist, que les Remonstrances auoient picqué insques au sang ceux qui se sentoient coulpables, & apprehendoient la punition, & que le sang qui en estoit sorty, estoit cét Arrest. Plusieurs suiuoient l'opinió de Remó

ftrances, & de fupplier le Roy de permettre & receuoir
la preuue & iuftification du contenu és Remonftrances.
L'vn de Meſſieurs des Enqueftes, ſon aduis luy ayant eſté
demandé, diſt qu'il ne pouuoit dire ſon opinion s'il ne
voyoit l'Arreſt du 28. Mars & les Remonftrances. Et diſt
cela d'autant que le bruit eſtoit grand au Parlement entre
tous, que Monſieur le Greffier du Tillet auoit pris & oſté
du Regiſtre, & l'Arreſt, & les Remonftrances, & ſoupçõ-
noit-on, voire on croyoit, qu'il les auoit portees au Louure, & miſes és mains de la Royne : celuy qui opina apres
luy diſt la meſme choſe. Alors il s'eſleua vne rumeur vni-
uerſelle, qu'il failloit ſçauoir ou eſtoient ces Remonſtrances & l'Arreſt, parce que Monſieur le premier Preſident
auoit aſſeuré & iuré ſur ſa vie & ſon honneur, qu'ils les a-
uoit en ſa maiſon, & les feroit apporter le Lundy, & pro-
mit auec toutes les aſſeurances que l'on peut deſirer, de
les apporter. Perſonne ne voulut plus opiner nypaſſer outre, l'on fit vne grande plainéte contre Voyſin principal
clerc du Greffe. On luy demanda, on l'interpella de dire
que ces Remonftrances & Arreſt eſtoient deuenus, il reſpondit, qu'il les auoit baillez à Monſieur le Greffier, auquel il n'auoit peu les refuſer. Monſieur le premier Preſident luy commanda d'appeller Monſieur le Greffier qui
eſtoit au Palais : l'on fut quelque temps à le chercher, &
ce pendant pluſieurs reſmoignoient l'auoir véu & parlé à
luy Monſieur le premier Preſident voulant continuer tan-
dis que l'on le cherchoit, il ſe trouua, il vint en la grande
chambre, Monſieur le premier Preſident luy demanda
ou eſtoient les Remonftrances & l'Arreſt ; il dit, qu'il les
auoit en ſon logis auec les minutes des autres Arreſts,
qu'il y auoit aportees pour faire faire ſes Regiſtres comme il doit : Monſieur le premier Preſident luy enioignit
de les raporter le lendemain à ſept heures du matin. Lors

la compagnie se leua, & l'affaire remis au lendemain sept heures.

Le Mardy vingt-troisiesme, Monsieur le Greffier du Tillet apporta à la grande chambre les Remonstrances & la minute de l'Arrest du vingt-huictiesme Mars, que Voisin luy auoit mis entre les mains, & que l'on craignoit fort auoir esté portez au Louure. Ce fait, & incontinent apres les chambres estans assemblees, Monsieur le premier President commanda à Voysin d'apporter l'Arrest, & les Remonstrances, lesquelles deux pieces il luy auoit commandé de remettre ou lieu d'ou elles auoient esté tirees par luy, pour les bailler au Greffier de la Cour, lequel incontinent les rapporta, & furent remises en la liace, & en leur ordre des feuilles du Registre ; ce qui contenta fort la cōpagnie. A l'heure mesme Monsieur du Tillet vint se presenter, & asseura la Cour, sur son honneur & sa vie, que c'estoient les mesmes pieces que Voysin luy auoit baillee qu'il luy auoit rendu. Ce que Voysin recogneut veritable qui fit cesser le doute qu'aucuns faisoient que ce fussent copies seulement, & non les originaux. Mais en fin la declaration de Monsieur le Greffier fut trouüee veritable. Apres cela l'on continua la deliberation, & alloient vne grande partie des opinions à des Remonstrances, excuses d'enregistrer cét Arrest, qu'il pleust au Roy le retirer, & permettre la iustification, & la preuue de tout le contenu aux Remonstrances. Sur la fin des opinions, il y eut encores par disgrace vn nouueau tumulte, sur ce qu'il y en eut vn qui seul voulut dire que la Cour auoit entrepris sur le Roy, & qu'elle n'auoit deu ny peu, que côtre les defenses, se mesler d'affaires d'Estat, qu'on auoit faict des Remonstrances, par lesquelles l'on y entroit trop auant, & autres tels propos qui alloient au blasme du Parlement. Il fut contrainct de se taire, & le reste des opinions passa

fort doucemēt à l'honneur & gré de toute la compagnie.
En fin toutes les opinions se reduisirent à toute la compagnie, fort vnanimement, & fut fait arrest en ces mots, qui
fut dressé le iour mesme.

La Cour, toutes les chābres d'icelle assemblees, a arresté, que suyuant la deliberation du 1.iour de ce mois M.le premier President &
autres, auec quelque nombre de Conseillers qu'il luy plaira mener, se
trāsporterōt vers le Roy, pour luy tesmoigner, & à la Royne sa mere,
le desplaisir que sa Cour de Parlement à receu, & reçoit de leur mal-
contentement; les asseurer qu'elle n'a iamais pensé ny entendu, cō-
me elle doibt toucher à leurs actions, & moins à leurs personnes, ny
à la Regence de la Royne; qu'elle cognoist auoir obligé toute la France par sa soigneuse & sage conduicte, & gouuernement, tant de la
personne du Roy, que de son Estat; qu'elle n'a esté poussee à faire les
Remonstrances qu'elle luy à presentees, d'aucune mauuaise intention; n'a iamais pensé, comme elle ne voudroit, ny pourroit entreprendre sur son authorité qui l'a fait subsister, mais d'vn zele, & affection qu'elle à tousiours tesmoigné à son tres-humble seruice, au bien
de son Estat, & repos de son Royaume; Supplie tres-humblement
le Roy & la Royne, de croire qu'elles sont dressees & faictes non par
des particuliers, mais d'vn commun vœu, & d'vn consentement
vnanime, approuuees de toute la compagnie; & de se souuenir que
le quinziesme iour de May mil six cens dix, le Roy & la Royne, ho-
norans la Cour de Parlement de leur presence, seant lors aux Au-
gustins, la prierent, voulans vser de ce mot, qu'elle receut dés lors,
& a tousiours tenu depuis pour commandement, d'auoir le soing
que la Cour estoit obligee, pour ce qu'elle deuoit à la memoire du pere
à elle mesme, & à son pays; qu'ils desiroient en la conduicte des affaires, suyure ses bons Conseils: adioustant la Royne ces mots. Ie
vous prie les luy donner tels qu'aduiserez en vos consciences pour le
mieux; laquelle priere le Roy repeta en mesmes paroles: que la Cour
de Parlement s'est sentie obligee par ces commandements, à tesmoigner le soing qu'elle deuoit auoir, & dont ils auoient chargé leurs

consciences, mesmes estant coniurée par la memoire du deffunct Roy
de tres-heureuse memoire. Supplie le Roy & la Royne en toute l'humilité, & submission qu'elle doit au Roy son souuerain Seigneur, de
considerer le preiudice qu'apporte l'Arrest qui a esté enuoyé au Parlement, & à son authorité, & à son seruice; De croire que les Remonstrances sont veritables, & que quand il leur plaira les faire exa-
miner, & s'en informer plus particulierement, elles seront trouuées
telles, & les tenir tousiours pour ses tres-humbles, tres-affectionnez,
& tres-fidels suiects & seruiteurs.

Depuis les choses en sont demeurées-là, que les Remõ-
strances, & l'Arrest, sont demeurees au Registre du Greffe
& l'Arrest du Conseil n'a esté enregistré.

FIN.